Im Rausch der Töne

Elsa van Maren gewidmet

Gunter Elsholz

Im Rausch der Töne

Bibliografische Information der Deutschen Nationalbibliothek:
Die Deutsche Nationalbibliothek verzeichnet diese Publikation in der
Deutschen Nationalbibliografie; detaillierte Daten sind im Internet über
http://dnb.d-nb.de abrufbar.

Umschlaggestaltung: Günter Kröker
Umschlagfoto: Brigitte Schneider (Philharmonie Merck Darmstadt,
Konzert Mexiko-City 2005)

© 2006 Oliver Kröker
Satz, Herstellung und Verlag: Books on Demand GmbH, Norderstedt
ISBN 10: 3-8334-5400-8
ISBN 13: 978-3-8334-5400-4

I

Bei Erkältung empfehlen sich Bettruhe, Aspirin oder Jamaika-Rum und die Störung ist bald behoben, besonders wenn Sie mehr als nur einen heben. In spätestens vierzehn Tagen ist dann alles vorbei.

Andere Krankheiten sind weitaus schwieriger zu behandeln. Aber die Medizin macht nach ihrer eigenen Aussage ständig Fortschritte. Die Menschen werden insgesamt älter, schlauer, gesünder, wohlhabender, schlanker und prominenter sein.

Die Frage ist nur: Werden wir auch die Geißel der Menschheit – die alles verheerende Macht der Musik – abschütteln können?

Musik will sagen: die so genannte »Ernste Musik«, die man bei den Verwertungsgesellschaften als E-Musik abrechnet. E-Musik gilt als schwieriger herzustellen als ihr Gegenstück U-Musik und wird besser bezahlt. Aber sprechen wir nur über die E-Musik.

Versprengte Hilflose, die ihr Geld für Musik ausgeben, schleppen arg an einer Sucht, gegen die das Biertrinken so harmlos ist wie ein Kuss im Wald. Die Medizin steht hier vor einer schier unlösbaren Aufgabe. Man muss nämlich so kompromisslos an dieses Suchtproblem herangehen, dass man sich automatisch eine Menge Feinde zuzieht.

Der Süchtige selbst muss tapfer sein – und freudig bereit, an seiner Heilung mitzuwirken, ja sogar den größten Teil der Arbeit selbst zu übernehmen. Denn der Arzt kann nur richtig diagnostizieren und nicht viel mehr. Er kann seinen Patienten allenfalls noch ein bisschen herumstoßen und den Heilungsprozess beratend begleiten – bis hin zu dem herrlichen Morgen, an dem sein geliebter Patient zum ersten Mal befreit ausruft:

»Ich pfeif auf Beethoven und Co!«

II

Um dem Bannkreis der Töne zu entkommen, brauchen Sie ein paar taugliche Entziehungshilfen. Es genügt ja auch nicht, selbst nur vom Alkohol loszukommen. Man muss auch Mittel gegen den Einfluss anderer Musikoholiker finden, denn wir sind belagert und umzingelt. Taubheit bietet Schutz, kommt aber meistens viel zu spät.

Verekeln Sie jedem, den Sie kennen, den gefährlichen Drogengenuss! Eine ganze Zeit lang musste man sich dauernd das berühmte Violoncellokonzert von Luigi Boccherini anhören. Meine Frau besaß vier verschiedene Aufnahmen, eine Kollegin sogar sieben, aus dem Rundfunk dudelte das Ding pausenlos heraus, es füllte die Carnegie Hall und den Gemeindesaal der Adventisten, Hütten, Paläste, Kirchen, Konzertmuscheln und Parks. Der traurige Hintergrund ist die Not der Cellisten, dem überwältigend breiten Klavier- und Violinrepertoire etwas entgegen zu setzen. Zum Glück wissen wirklich nur ganz wenige, dass dieses Ohrwurm-Konzert in Wirklichkeit eine fremde Bearbeitung ist, zusammengestellt aus verschiedenen Boccherini-Stücken und zu einem Stück für Solo und Orchester aufgedonnert.

Ich hatte damals begonnen, mir die Musik überhaupt abzugewöhnen, und weil mir Boccherini sowieso vorkommt wie rückenmarkgeschädigter Haydn, sagte ich eines Morgens tückisch: »Wirklich, ein wunderschön nachempfundenes Werk!« Die Behauptung schrie natürlich nach augenblicklicher Begründung, und von diesem Tag an geht alles wie geschmiert.

Ich erfinde grauenhafte Diffamierungen: Richard Strauss hat 1934 Kommunistenkinder verprügelt, später nur noch seine Elektra-Darstellerinnen. Busoni hing an der Nadel. Karajan war ein Duzfreund von Andreotti. Adenauer musste die heimlichen Orgien rund um Elly Ney verbieten. Claudio Arrau wäre beinahe über seine Verbindung mit Glenn Gould gestolpert. Lenny Bernsteins unappetitliche Affäre mit Kaiserin Zita belastet noch heute die österreichischen Legitimisten. Natürlich alles gelogen, wäre aber denkbar.

Mein absoluter Schlager ist die genaue Beschreibung der Unterwäsche Richard Wagners.

III

Geradeheraus: Wer die »großen Komponisten« für überhaupt beachtenswert hält, sollte sich bei einem Tässchen Kräutertee entspannt zurücklehnen und vorher erst einmal Schuberts »Unvollendete« ausschalten. Dann die Atmung so lange kontrollieren, bis der eigene Herzschlag wie die große Glocke von Notre Dame ertönt, danach Glocke wie Atmung etwa eine Minute drosseln, tief durchatmen, den widerlichen Schubert wieder laufen lassen, voll aufdrehen und sich laut vorsprechen: »Das hört sich so an, wie Knoblauch stinkt!«

Es kann sein, dass Ungeübte diese Prozedur drei Mal wiederholen müssen, ehe sie für meine folgenden Grundfeststellungen wirklich so offen sind wie Mariens Schoß für den heiligen Geist. Aber glauben Sie mir: Diamantene Härte ist die einzige Möglichkeit, in Ihre Sucht verseuchte Seele einzudringen, die von Hildegard von Bingen bis zum Programmdirektor des Bayerischen Hörfunks total versaut ist.

Ich will Sie jetzt nicht kopfscheu machen. Lehnen Sie sich wieder zurück, und nehmen Sie sich nur vor, dass es noch viel dicker kommt. Ich erlebe es immer wieder, dass meine armen Suchtkranken nach der ersten Härte und einem anschließenden Schläfchen für meine Therapie viel, viel aufgeschlossener sind als gleich zu Anfang.

Demnächst lernen wir, warum wir Johann Sebastian Bach nur im kritischen Hören wirklich erkennen und belächeln können.

IV

Das Tonmaterial sämtlicher Musik umfasst 12 Halbtöne, nach Adam Riese also sechs Ganze. Eine derart erschütternde Armut muss die Hörer zu Tränen rühren! Also am besten gar keine Musik beachten, denn helfen kann man da nicht.

Etwa vom 18. Jahrhundert an verzahnten die Komponisten ihre 12 Halbtöne so raffiniert miteinander, dass alle Stimmen durcheinander schnatterten wie die Gänse oder die Teilnehmer einer Talkshow.

Johann Sebastian Bach trieb dieses Verfahren so auf die Spitze, dass man sich noch heute für ihn schämen muss – was übrigens der Leipziger Magistrat schon damals tat, das muss zugegeben werden. Das Verfahren machte zwar viel Mühe, aber es gab ja im Hause Bach auch Kinderarbeit.

Bach entwickelte verschiedene Sorten von Tonverzahnung; die einfachste Sorte heißt Fuge, weil sich die Stimmen immer wieder Bachs Willen fügen müssen. Die schwerste Sorte heißt wie bei den Katholiken Kanon, mit Betonung auf dem a, denn die Musik tarnt sich gern als friedliebende Kunst.

Der kritische Hörer von heute fällt auf Bach nicht mehr herein, er weiß einfach zuviel. Ganz hübsch, aber etwas ausgeleiert ist seine Ave-Maria-Begleitung. Manchen geht aber gerade diese Schnulze auf den Wecker, auch wenn Pavarotti singt.

Bachs Zeitgenossen hatten diesen mühseligen Schwindel bald satt und erfanden ein paar neue.

V

Um den kümmerlichen Tonvorrat der Musik einigermaßen auszuschlachten, haben ein paar Beobachter der Urheber eine Erfindung gemacht: Die Erfindung heißt Harmonielehre und zerfällt in ca. 923 Richtungen.

Harmonielehrer sind nur untereinander angreifbar. Ihre Standesorganisation heißt Tonikabund. Tonika bedeutet Grundton. Die übrigen Begriffe sind kompliziert und mehrdeutig. Merken muss man sich nur, dass das Meiste verboten ist. Die berühmten Kompositionen sind Schlachtfelder von übelsten Fehlern.

Der Harmonielehrer wird im Unterholz geboren, sein Gang gleicht einem Hüpfen, seine Stimme ist schwach und meckerig. Emporkömmlinge tragen eine Brille und schreiben ein Buch. Wer gegen dieses Buch Einwendungen erhebt, muss ein Gegenbuch absondern, was sofort neue Bücher erzeugt.

Urheber greifen manchmal zur Selbsthilfe und stellen eigene Regeln auf, die sie dann selbst wiederum brechen, was auch ganz vernünftig ist.

Der Nestbeschmutzer dieser Zunft heißt Diether de la Motte. Er hat bewiesen, dass die Töne sowieso machen, was sie wollen. Seine Regel, dass die Harmonielehre sich nach den Urhebern zu richten habe und nicht umgekehrt, könnte viele Arbeitsplätze gefährden und muss bekämpft werden.

Die schwierigste Aufgabe der traditionellen Harmonielehre ist die saubere Auflösung des Dominantseptim-Akkords. Gleich danach rangiert der Übergang von einer Tonart in die andere. Wenn die Harmonielehrer auf einen Querstand stoßen, halten sie sich schreiend die Ohren zu, bei einem ungeschickt eingeführten Quartsextakkord müssen sie ins Krankenhaus. Mozart hat ihnen ihren ganzen Glauben an die Menschheit vergällt.

Uns interessiert hier aber nur, dass die Harmonielehrer in gewisser Weise unsere Leidensgenossen sind. Suchtkranke, die Hilfe brauchen.

Musik ist mit oder ohne Regeln gleich scheußlich.

VI

Um die Unwahrscheinlichkeit zu dokumentieren, dass es im Weltall eine zweite Erde geben könnte, zitiert Hoimar von Ditfurth folgende Frage: Wenn 100 Affen wahllos auf 100 Schreibmaschinen herumtippen, wie hoch ist die Wahrscheinlichkeit, dass ein Sonett von Shakespeare dabei herauskommt? Die Antwort, ein Blendwerk der Hölle, lautet: 10 hoch 24.

Ein Shakespeare-Sonett ist komplizierter als 100 Affen und 100 Schreibmaschinen zusammen genommen; da liegt es! Die Fragestellung ist total borniert.

Mit den 12 Halbtönen der Musik kann man in einer einzigen Mittagspause mehr Noten erzeugen, als man jemals verdauen kann. Und demnach wären im Weltall 10 hoch 24 ähnliche Erden vorhanden. Wie auf allen Wissensgebieten tummeln sich Tausende von Scharlatanen, die phantastische Akrobatenstücke der »Logik« konstruieren, um uns noch schüchterner zu machen, auch auf dem ihnen durchaus fremden Gebiet der Musikdrogologie.

Erst neulich hat so ein naseweiser Hüpfer aus der frühesten amerikanischen Apolloserie seinen IQ wieder mal unter die Zimmertemperatur gequält, indem er den Satz abließ, er habe den Mond vergeblich nach Bach abgesucht, und die paar anderen Himmelsbrocken bis hinter Titan würden wohl ebenfalls kaum ein Brandenburgisches Konzert hervorbringen.

Solchen und ähnlichen Flachköpfen sind wir ausgesetzt, wir Musikgeschüttelten! Und glauben Sie ja nicht, das könne bereits das Ende der Zumutungen sein!

VII

Nur wenige Kinder sind für Musik anfällig. Der gesunde Nachwuchs überwiegt. In Schüleraufsätzen drückt sich dies beruhigend deutlich aus. Meine Tochter lernte im Musikunterricht, dass die Violine bekanntlich nie »erfunden« wurde, sondern Endpunkt einer langen Entwicklung ist. Sie begriff das auf Anhieb und schrieb in ihren Aufsatz: »Für die Geige kann man keinen einzelnen Geigenbauer verantwortlich machen.« Der noch unverbildete junge Kopf durchschaut so etwas eben.

Unter »Berufswünsche« äußerte ein 12jähriger: »Ich würde am liebsten einen eigenen Manager haben und so dick drin sein wie Placido Domingo!« Ja, das möcht´ ich auch, du gutes Kind. Übrigens wundere ich mich, dass ein Musiklehrer überhaupt Aufsätze schreiben lassen darf. Vielleicht hat sich nur noch keiner beschwert.

Den 6jährigen Knaben, der behauptet haben soll, Beethovens »Fidelio« sei das Hohelied der Gartenliebe, halte ich für geflunkert. Ebenso das Mädchen, das Elsa den Lohengrin fragen ließ, welchen Geschlechtes er sei. Die Wirklichkeit ist viel amüsanter. Eine Göre aus der Nachbarschaft berichtete, dass ihre 17jährige Schwester neulich im Hausflur mit einem sagenhaft abgerissenen Typen ertappt wurde, und Mutter habe gesagt, der Typ sehe noch abgerissener aus als der Geiger Nigel Kennedy. Es soll tatsächlich Nigel Kennedy gewesen sein.

Geige spielen ist überhaupt besonders ekelhaft. Orgel geht ja noch, weil man die wenigstens nicht zu Hause üben kann.

Die jungen Menschen haben das denkbar gesündeste Gefühl für Musik, nämlich gar keins. Wenn wir unseren Nachwuchs in diesem gesunden Gefühl nicht beirren, wird er uns helfen, unser Vivaldi-zerstörtes Suchtleben zu einem guten Lebensende zu bringen. Es wird dann die Altenhilfe für Sonatenopfer geben, den Bruckner-Brei-Rabatt und vielleicht ein paar Freistellen für 6-Bett-Zimmer mit unaufdringlicher Anton-von-Webern-Berieselung.

Mozart nur im gemeinschaftlichen Nichtraucherzimmer.

VIII

Die Vorstellung, Musik mache den Menschen besser, hat etwas Kicheriges, wenn man bedenkt, dass die Oper von Taschendieben wimmelt und Mitmieter wegen ein paar Dezibel zuviel Mozart schon erschlagen worden sind.

Beschallte Mitmenschen neigen zu Verzweiflungstaten, und bei der Anwendung des Nachbarschaftsrechts geht es um ein erstklassiges Beschäftigungsprogramm für Rechtsanwälte. Auch soll es Mörder geben, die erst mit Musik richtig in Stimmung kommen; ich weiß das aus dem Kino, also aus erster Quelle.

Freunde: Musik macht die Menschen noch schlechter, als sie sowieso schon sind!

Höre ich da etwa die Einwendung, Orgelspieler Helmut Schmidt und Dirigent Edward Heath seien besonders gute Regierungschefs gewesen? Mal langsam! Ohne Musik wären sie, wie jedes Kind weiß, noch viel besser gewesen. Auch der beliebte Hinweis auf die Kühe, die bei Musik mehr Milch geben, zieht bei mir schon lange nicht mehr. Noch mehr Milch? Igitt!

Heinrich VIII. war übrigens ein brillanter Lautenspieler, das spricht doch Bände! Und Blaubart – wir wissen es durch Bela Bartok – hat gesungen!

Nein, wir wollen uns lieber an Buddha halten, der liebte die vollkommene Stille, brachte keine Frauen um, auch keine Männer, war gesund und starb steinalt – na bitte.

Nicht wahr, Sie beginnen schon, mir zu folgen.

IX

Die Alten hatten noch Jahwe und brauchten keine Musik. Nur ein paar Nichtsnutze schnitzten ihren Kindern Weidenflöten oder bummerten auf ihren Kochgeschirren herum, wahrscheinlich um die Nachbarstämme zu ärgern.

Später wurde gesungen, geharft und trompetet. Davids Liedtexte sind erhalten. Die Instrumente dürften dem häufigen Streit in den Herbergen zum Opfer gefallen sein.

Verbohrte Musikhistoriker bestehen auf der Existenz mehrstimmiger Körperschaften wenigstens in den Mittelmeerländern, Ägypten vorneweg. Kann sein, aber ich möchte nicht zugehört haben müssen.

Als der Mönch Notker Balbulus eine Methode erfunden hatte, das ganze Katzengeschrei schriftlich festzuhalten, war der Suchtcharakter immer noch unentwickelt. Die Scholastik, die das Musikmachen zu den sieben Wissenschaften rechnete, erbaute sich an den Tönen mehr mathematisch und zahlenmystisch als vercrackt, und erst in der Renaissance züngelte sich die lüsterne Flamme La Musica zur Droge hoch und verdarb die Leute, machte aus den Sinnen Sinnlichkeit und aus den Köpfen Qualmtüten. Seitdem steigerte sich das langsam bis zum gegenwärtigen Zustand, den wir ja kennen. Wenn spätere Archäologen etwas von uns ausgraben werden, sagen wir: einen CD-Player, werden sie schreiben: »Im Jahre 2 nach Hale-Bopp herrschte die kunstsinnige Kaiserin Sony.«

Und sie werden die Skelette der dahin gefixten Menschheit finden, die eigentümlichen Schädelverformungen bestaunen und sich keinen Reim darauf machen können, welche Seuche uns hinweggerafft haben könnte.

Und dann werden sie auf die Ruine der Royal Albert Hall stoßen und einen wie durch ein Wunder unversehrt gebliebenen Steinway dort stehen sehen.

Und dann wird das ganze Elend von vorn beginnen.

So mächtig ist das Böse, meine heute noch lächelnden Damen und Herren, wenn man es nicht mit Stumpf und Stiel ausrottet!

X

Die Religion ist fürs Volk nur harmloses Roh-Opium. Erst die Volldroge Kirchenmusik macht das fromme Publikum zur willenlosen Knetmasse in den Händen der Priesterschaft. Bei der Predigt kann es schon mal vorkommen, dass der eine oder andere in die Luft guckt oder seine Wohnungsschlüssel sucht. Mutter Kirche weiß das und steckt den Kirchenkomponisten von jeher manches schöne Sümmchen zu.

Das Ergebnis ist so überwältigend, dass sogar Leute in die Kathedrale strömen, die Jesus für Mohammeds Schwiegersohn halten oder für die Hauptstadt von Peru.

Insofern vermehrt die Kirche auch die Anzahl der feindlichen Glaubensbrüder, doch dies nimmt sie billigend in Kauf, da sie volle Häuser anstrebt.

Der Kirchenmusik kommt eine Wirkung zu, die jedes andere Betäubungsmittel in den Schatten stellt. Sogar fluchende Darwinisten fallen in völlige Lähmung, sobald Mozarts »Ave verum corpus« einsickert, und Palestrina, Gabrieli, Schütz, Bach, Bruckner, Rheinberger, Reger und so mancher Kantor sind reich daran geworden – von der Schallplattenindustrie ganz zu schweigen. Wenn Pavarottis uralter Vater in seinem italienischen Heimatkirchlein sein »Ave Maria« anstimmt, platzt der Klingelbeutel.

In Pittsburgh stürmte 1989 die ganze israelitische Gemeinde von Pennsylvania die Kanzel, um augenblicklich Taufe und Kommunion zu empfangen, und der Priester konnte das nur deswegen ablehnen, weil die Juden auf dem Mahl in beiderlei Gestalt bestanden. Der Bischof hat ihn dafür gerüffelt, denn es war genug Wein in der Sakristei, aber das war wiederum eine innerkirchliche Angelegenheit.

Wenn der Entwöhnungshebel irgendwo mit Sicherheit zuerst angesetzt werden muss, so bei der Kirchenmusik! Sie macht die Menschen breit wie keine andere.

Staatliche Unterstützung? Selten so gelacht! Im Bundeskanzleramt drücken sich Polygram-Leute, Konzertagenten, Instrumentenbauerverbände, Solisten und Kardinäle gegenseitig die Klinke in die Hand. Außerdem hat der Sozialminister durchblicken lassen, dass vor allem die Rentnerversorgung mit Agnus-Dei-Aufnahmen sichergestellt bleiben muss.

XI

Nur total suchtstrukturierte, durch und durch passive Naturen bestehen immer noch auf Oratoriendarbietungen ohne Choreographie. Dabei gibt es nichts Schöneres als eine gut getanzte Kreuzigungsszene. Peter Schreier hat ja sein Gold auch in der Kniekehle. Fritz Wunderlichs Evangelist hätte das Publikum zur Raserei gebracht! An der Stelle, wo der Vorhang im Tempel zerreißt, muss ein harter Spagat kommen, das entzweigeknirschte Sündenherz wird nur ganz zart wiegend untertanzt, und der aufdringliche Kaiphas muss einen souverän doppelten Rittberger hinlegen. Niedlich dann die Trippelschrittchen von Maria und Maria Magdalena. Das »Barrabam!« muss kommen wie ein »Stillgestanden!« beim großen Zapfenstreich. Vernichtend!

Eine schwierige Klippe ist die Beerdigung. Achternbusch nimmt sie feierlich, Forsyth lässt eine Lambada kontrafungieren. Am mutigsten ist hier Stowell, der auf alle Trauer verzichtet und den Kreuzigungs-Pas wiederholt, nur gedämpfter, mehr adagio – gleichsam eine Entwöhnung.

Die immer meckern, bemängeln an Schreier zu enge und schnelle Schritte. Ihr zweites Wort: »Was hätte Nurejew daraus gemacht!« ist schlicht unfair, denn Nurejew hatte eine das Hilflose streifende Quäkstimme.

Einige wenden nun ein, auch Dirigent, Orgel und Orchester müssten wenigstens Grundschritte beisteuern. Nein! Eine Passion ist keine Hypnosebelustigung in irgendeinem Festzelt.

An Schütz und Telemann wollen unsere großen Choreographen offensichtlich noch recht zögerlich heran. Wo ist das Problem? Händel scheint ihnen jedenfalls selbstverständlicher zu liegen. Natürlich sind die Engländer hier wieder vorn. Den »Jephta« wird demnächst Glyndebourne geben. Canterbury hat die Entsendung des Erzbischofs für die problematische Titelpartie bereits zugesagt. Die Queen hatte zuvor an den stimmgewaltigen Londoner Oberrabbiner gedacht, der auf Grund seines hohen Alters jedoch kaum für den zweifach erforderlichen dreifachen Salchow in Frage gekommen wäre.

XII

La musica assoluta, auf Deutsch: die absolute Musik, entspricht dem ältesten weiblichen Familienmitglied der Hölle oder auch ganz normaler italienischer Sippen. Was die Alte sagt, wird gemacht.

In der Hölle der Musik bestimmt die Assoluta. Zwar ist sie die größte Giftmischerin von allen, doch sie gibt ihren Produkten einen Anstrich von Nebenwirkungsfreiheit.

Zum Beispiel soll man bei ihren Giften nichts anderes empfinden als nur das Gift selbst. Visuelle Halluzinationen sind verpönt. Wenn sie Produktbezeichnungen wie »Die alte Mühle«, »Notre Dame« oder »Sturm über Helsingfors« lesen muss, dreht sich ihr der Magen um. Am liebsten ist ihr ein Titel wie »M.M. ♪ = 104« oder »Allegro alla breve in due volti«.

Gerade noch zugelassen sind Sonate, Sinfonie, Ouverture, Kanon, Fuge, Ricercare, Introduktion und Finale. Toccata und Rhapsodie bedeuten Grenzfälle, Fantasie und Improvisation sind verboten.

Die jüngeren Familienmitglieder, die das marketingorientierter sehen, haben lange versucht, diese Strenge zur Abstimmung zu stellen. Aber der Familienkrach, der daraus vor allem im 19. Jahrhundert entstand, steckt allen noch so in den Knochen, dass jetzt einfach abgewartet wird, wann die Alte den Löffel abgibt.

Papa, der offizielle Chef, schweigt. Er muss sich erst mal davon erholen, wie ihn der deutsche Dichter Goethe durch den Kakao gezogen hat. Die frechen Kleinen dealen ungeniert Techno und Hip-Hop.

Mama ist die stille Opposition. Was sie denkt, erfährt niemand.

Oma, noch ganz vom alten Schlag, besteht auf der oft angezweifelten Glaubenslehre vom Kontrast zwischen himmlischer Konsonanz und teuflischer Dissonanz. Es entspricht ihrer etwas holzschnittartigen Vorstellung von Gut und Böse, dass man Gifte von Heilmitteln unterscheiden können muss, um sich für das eine oder andere zu entscheiden.

In gewisser Weise ist sie damit total von gestern, aber man kann ihr einfach nicht böse sein.

XIII

Prinzipien der Hölle hin oder her: »Ja«, sagt meine Schwester, »ich erkenne Musik ja an, aber«, und dann macht sie eine größere Pause, »aber ich muss mir etwas darunter vorstellen können.«

Jetzt mache ich eine Pause, denn es ist passiert: Wir sind soeben mitten in die Programm-Musik hinein getreten.

Synthetische Drogen sind genauso gefährlich wie Opiate und Koka-Derivate, aber man kann ja endlos predigen. Drehen wir uns nicht im Kreis.

Ich persönlich sage dreimal pfui über das Verfahren, eine Wattlandschaft mit Möwen mit einer Melodie anzustreichen oder eine Kussszene mit Violine. Beethoven hat sich nicht entblödet, seine Sechste Sinfonie mit programmatischen Überschriften zu verhunzen, damit er ein Gewitter komponieren konnte. Abgesehen von einer naiven Bauernvertrottelung und ätzenden Vogelstimmenimitationen tümelt er sich so durch, bis wir den Meister selbst erblicken, wie er sich schließlich selig im Mödlinger Kuhmist suhlt, denn die Sonne ist durchgebrochen und das Gras steht wieder auf.

Beethoven hat sich mit diesem Ausrutscher auf Freudsche Weise für immer desavouiert. Er dementierte zwar fadendünn, er habe mehr den Ausdruck der Empfindung gemeint als die Illustration, aber das kann er uns doch nicht erzählen, zumal er später noch primitiver die Kanonen von Waterloo verdrogte.

Jeder Backgroundlümmel beruft sich heute auf Beethoven, es gibt schon ewig Filmmusikpreise, und Stockhausen darbt vor sich hin.

Und natürlich hat sogar die »Unvollendete« ein Programm. Irgendwann hat ihr irgendjemand Schuberts Erzählung »Mein Traum« untergejubelt, seitdem hängt sie wieder »Die Moldau« ab. Da werden immer so ein paar Marktprozente hin- und her geschoben.

XIV

Von Zeit zu Zeit machen sich Feldforscher auf, um in Transsylvanien oder auf wenig bekannten Dracula-Höfen ursprüngliches Volksliedgut einzusammeln. So machte sich auch auf Bartok aus der Stadt Budapest mit seinem vertrauten Freunde Kodaly, die waren beide schwanger mit der gleichen Idee.

Und als sie die älteste Einwohnerin von Szegedwiridöggedöliröschuwolikanodj aufgespürt hatten, stießen sie auch sogleich auf deren herzliches Wohlwollen, und um den beiden Herren einen Gefallen zu tun, stimmte sie das älteste Liedchen an, das sie kannte, und wippte dabei glücklich mit ihrem Kattunrock. Und die Freunde fuhren nach Hause zurück und leerten ihren Fund in eine ganze Reihe von Kompositionen.

Es ist etwas sehr Schönes um diese Feldforschungen, obwohl wir natürlich wissen, dass Musik nur eine Suchtgeißel ist. Aber diese alten Lieder sind aus dem

Grund wichtig, dass wir auch die älteren Suchtwurzeln kennen müssen.

Ich selbst habe aus verwandtschaftlichen Gründen etwas Hemmungen, aber trotzdem sage ich Ihnen: Wenn Sie mal wirkliche Urmusik festhalten wollen, müssen Sie nach Sardinien fahren. Da sitzen die jungen Burschen abends im Freien zusammen und bringen Ihnen eine Musik, die alles abhängt. Erst kommt ein lang gezogenes »Moooh« in unbestimmter Tontiefe, etwa 20 Sekunden lang. Danach stimmt ein anderer ein »Uuuh« von etwa gleicher Länge an. Jetzt aber kommen die beiden Stimmen zusammen und halten das Ganze noch einmal durch. Aber erst bei der zweiten Wiederholung wird es spannend, denn über das Moooh und das Uuuh schichten sich nun nach und nach die Böööhs und die Öööööhs. Da erleben wir noch einmal voll die Grundgewalt der Luren, vor denen Augustus mit Recht so zitterte.

Ich bin nicht gemein. Ich habe es selbst gehört.

XV

Das klassische Ursprungsland einer seltenen Mischung aus Täter und Opfer ist Russland. Nur russische Komponisten sind noch mehr high als ihre Konsumenten.

Es ist unmöglich, dass die Wolga noch einen einzigen Tropfen klaren Wassers enthält. Europas stolzer Fluss ist eine einzige lange Träne. Andere Tränen gleicher Art heißen Moskwa, Newa und Baikalsee.

Russische Musikdealer lähmen zunächst ihr eigenes Zentralnervensystem. Davon wird dann die Luft so dick, dass die Verbraucher nur zu atmen brauchen, um ebenfalls in Ohnmacht zu fallen.

Wenn der alljährliche Tschaikowsky-Wettbewerb startet, fallen sogar die Fliegen von den Sonnenblumen. Wer je in einem Rachmaninow-Konzert gesessen hat, ist dauerhaft zerrüttet, denn ein russischer Komponist schreibt nicht mit Tinte, sondern mit dem Schweiß seines ganzen verseuchten Körpers.

Mussorgsky, Chatchaturian und Rimsky-Korssakow hängten erst mal ihr Gehirn an den Nagel, bevor sie losschwitzten. Anschließend setzten sie es sich wieder ein und gingen einen heben.

Prokofjew und Strawinksy schrieben mit Tinte und waren wohl keine Russen.

Borodin und Liadow waren nur zufällig Russen, der eine nebenberuflich, der andere aus Faulheit. Satie, Elgar und Duke Ellington waren Russen. Wagner und Liszt waren Halbrussen. Ravels Wiege stand am Schwarzen Meer, seine Baskenmütze war eine geschickte Täuschung.

Villa-Lobos war mit Don-Wasser getauft, Gershwin mit K.O.-Tropfen.

Die russische Seele kocht und dampft so gefährlich, dass wir demnächst eine Venus-Atmosphäre haben werden. Der St.-Lorenz-Strom soll bereits seine Richtung geändert haben, und im Golfstrom kann man schon Eier kochen.

Die Sonne muss früher Bewohner gehabt haben, die pausenlos russische Musik schrieben, bis es zu spät war.

XVI

Wir haben gelernt, dass nur russische Komponisten ihren Stoff selbst konsumieren. Bei den germanischen kommt das ganz gewiss nicht vor.

Die Germanen Mozart und Strauss standen völlig über der Sache, sogar der Südpreuße Rossini war naschfrei. Nach dem Durchfall des »Barbiere« hatten dessen Freunde vermutet, er hänge irgendwo an einem Baum. Aber sie fanden ihn bei einem gemütlichen Nickerchen.

Der Ostwest-Gote Beethoven lachte grässlich laut über alle Augen verdrehenden Konsumenten. Der Niedersachse Brahms musste sein Grinsen hinter einem Vollbart verstecken. Grieg (Wikinger!) hatte Kicheranfälle, übrigens ähnliche wie der Austriake Schubert.

Schönheit und Größe des germanischen Rachegedankens verkörperte sich besonders edel in dem Bajuwaren Strauss. Wer ihn beim Tarocken störte, rief damit ein besonders süßliches Orchesterlied hervor. Weber als schwerer Holsteiner konnte ganze Opern vom Zaun brechen, wenn man ihn beim Briefeschreiben oder Geldzählen unterbrach.

Der Germane führt die Feder wie ein Schwert, wenn man ihn bis aufs Wiener Blut reizt. Er haut sich dann durch alle feindlichen Dominantseptnonakkorde, Rundfunkanstalten, Konzertsäle und Feuilletons.

In Friedenszeiten schreibt er Kammermusik oder Orgelfugen. Dabei fasst er seine dralle blonde Frau um die Hüfte, die ihn mit Schrotbrot und Bier füttert, wenn sie nicht gerade den Pflug führen muss, um Tantieme-Samen zu streuen.

Der germanische Dealer ist ein vorbildlicher Vater, Sohn, Onkel und Lehrer. Er hat das Metronom erfunden, das Pulver, die punktuelle und die serielle Musik, er trägt Ohrschutz und steht mit beiden Beinen im Wohltemperierten Klavier. Seine Fingersätze sind kulturelle Höchstleistungen.

XVII

Bevor wir uns endgültig auf Beethovens Ermordung vorbereiten, sollten wir erst mal Wolfgang Amadeus Mozart fertig machen. Das ist deshalb unumgänglich, weil ihn die Süchtigen offenbar zur harmloseren Droge machen, aus der man jederzeit aussteigen könne. Dabei ist Mozart tausendmal gefährlicher als Plutonium, dreimal schlimmer als der grüne Knollenblätterpilz und mindestens zweimal so suchtverantwortlich wie jeder andere Einfluss durch den verheerenden Angriff der Musik auf Ihre Gesundheit!

Der 1756 in Salzburg geborene Musikdemagoge Hieronymus Mozart, der sich frühzeitig in Wolfgang Amadé Mozart umbenannte, versetzt seit seinem Gott sei dank enden wollenden, im Leopoldsjahr 1791 beschlossenen Lebenslauf Millionen weiblicher und männlicher Hysteriker rund um den Globus in einen Zustand, den ich mich nicht scheue, klinisch-final zu nennen.

Seine Opfer lassen sich zunächst nichts anmerken, wirken ruhig und entspannt, geraten aber schon beim ersten

Forte-Stoß völlig außer Selbstkontrolle, das Heroin der chromatischen Hinführung zum Seitensatz lähmt ihre Hypophyse zentripetal, und während die Schlussgruppe erblüht, welken sie selbst dahin wie Löwenmäulchen. Durchführung, Reprise und Coda sind sie nicht mehr im Stande, bewusst wahrzunehmen. Sie sind gestorben, und ihr Schlussapplaus ist nur noch ein automatischer Reflex von Zombies. Als Aliens verlassen sie das Haus, keiner hat je erklären können, wie er heimgekommen ist.

Ein Beethoven-Publikum ist durch zwei Umstände besser geschützt:

Das Gift kann nicht so ungehindert eindringen, weil die Dirigenten optisch sehr stark kontrafungieren, sei es durch Tanz oder Mimik oder beides; in Festzelten und bei UNO-Veranstaltungen auch deshalb, weil die Harmonie so störend anders wirkt als bisher gewohnt. Da kommt er dann nicht, der Kick.

XVIII

Nichts verzehrt einen von der Musikmikrobe Befallenen ähnlich wie sein Ringen um den größten Komponisten aller Zeiten. Beethovens härteste Konkurrenten auf diesem Gebiet sind Bach, Mozart und neuerdings Schubert. Der Patient fühlt sich von diesem Ringen geradezu geschüttelt, die Medizin beschreibt es als bohrenden Schmerz am ganzen Körper.

Der Gesunde sollte niemals Witze über etwas so Furchtbares reißen, weil er sonst verantwortlich für einen zusätzlichen Adrenalinschub wäre, der zum Schmerz noch Wutanfälle hinzufügt. Schon geringschätzige Einwürfe rufen Vorträge, Aufsätze und Bücher hervor und verursachen viel Bitterkeit und Hass.

Ich selbst bin einmal in einen Fettnapf getreten, als ich irgendwo beiläufig hinwarf, Beethovens letzte Streichquartette seien wohl in erster Linie für den Bärenreiter-Verlag geschrieben worden. Seither weiß ich, was eine Kastrationsangst ist.

In einem anders gerichteten Kreis hätte ich ebenso gut äußern können, dass mir die »Zauberflöte« nach »Don Giovanni« und »Così« doch deutlich schwächer vorkommt. Doch man wird vorsichtiger und hält die Klappe.

Die Menschheit braucht immer jemanden, der ihr unbestritten erstes Leitbild ist, soweit ist das ja auch ganz pathologisch und noch lange nicht krank. Nur der liegt wirklich danieder, der für sein Komponistenideal lebt und stirbt. Da müsst Ihr einfach durch, Leute! Sonst kann es mit Euch nicht besser werden!

Darum folgende Übung:

Wir stellen uns ganz fest einen völlig unbekannten größten Komponisten vor, dessen Werke unter strengstem Verschluss liegen und den wir jederzeit und überall unbedenklich für den allergrößten Komponisten aller Zeiten ausgeben können, weil die Universität von Ulan-Bator keine Note davon herausrückt. Nur Schostakowitsch durfte mal blättern und ist fast umgefallen.

Auf diese Steine können wir bauen.

XIX

Musiker behacken einander gnadenlos, denn die Musik erzeugt zwangsläufig mickrige, missgünstige Charaktere. Bitte, ich kann das beweisen. Lesen Sie selbst meine kleine Lieblingsliste durch. Garantiert Originalton!

»Wenn er etwas gelernt hätte, hätte er es so weit gebracht wie wir andern.«
 (Franz Lachner über Franz Schubert)

»Der Affe soll erst etwas lernen, bevor er mich beurteilt.«
 (Carl Maria von Weber über Franz Schubert)

Weber kann man verzeihen, weil ihm Schubert kurz zuvor ins Gesicht gesagt hatte, der »Freischütz« sei ihm, Schubert, um vieles lieber als die »Euryanthe«. Aber dass Lachner, der wie Schubert schrieb, nur Klassen schlechter, überhaupt sein Maul zu einer derartigen Frechheit geöffnet hat, sei diesem Münchner Hofkapellmeister als Petits fours mit kräftiger Einlage aus Deggendorfer Schweinemist in das selbe Maul zurückgestopft, um dort zu verweilen, bis endlich die Polizei kommt.

Dass Brahms die Sinfonien Bruckners als unförmige Riesenschlangen bezeichnete, trennt die Bruckner-Anbeter noch heute von jedem vernünftigen Gedankengang, und was Glenn Gould über Komponisten geäußert hat, geht sowieso auf keine Kuhhaut, hört sich aber so süffig an, dass man sich unwillkürlich nach einem Korkenzieher umguckt.

Ich jedenfalls werde nichts dazu beitragen, die Stimmung noch weiter anzuheizen, zumal wir inzwischen gelernt haben, dass Musik nur Krach ist und nichts dahinter. Außer Kohle.

XX

Da ich 150 Meter von dem Haus entfernt wohnte, in dem der beliebte deutsche Romantiker Felix Mendelssohn-Bartholdy sein weltberühmtes Violinkonzert schrieb, fühle ich mich verpflichtet, Ihnen einige Mitteilungen über den heroischen Sieg dieses Meisters über die eigene Komponiersucht zu machen.

Mendelssohn, von Kindesbeinen musikoholisiert wie seine Schwester Fanny, hatte durch die unverständige Affenliebe des alten Goethe schon als Kind Berührung mit Damen gehabt, die sein Klavierspiel mit schrillen, spitzen Schreien und Küsschen beantworteten, und das geht bekanntlich immer schief. Felix produzierte in wenigen Jahren so viele Noten, dass sich sein Schreibtisch bog. Das Kind vereinsamte und sang im Schlaf. Wenn ihm der Vater behutsam ein Notenblatt aus der Hand nahm, kam es zu Hungerstreiks und auch damals schon zu den bösen Hustenanfällen, von denen man sich noch heute im Taunus erzählt.

Als der noch nicht Volljährige allein durch Schottland streifen durfte, muss ihm die dortige Luft einen ersten Kontraschub gegeben haben, denn was er von dort wieder heim brachte, waren außer der Hebriden-Ouverture ... Bilder! Aber zu Hause kam natürlich sofort der Rückschlag, und weil Felix auch Orchester und Chöre auf Dauer nicht nur auf dem Papier, sondern sogar im Leben bändigen konnte, wurde er zum Leiter der Leipziger Gewandhauskonzerte, kam wohl noch zu Husten, aber nicht mehr zum Malen. Wieder vereinsamte er und sang im Schlaf.

Sein energischer Geist aber raffte sich nun doch zu einer kompromisslosen Gegenwehr auf. Entschlossen komponierte er nur noch Diät, allmählich bewusst immer kalorienärmer, ging öfter spazieren, dachte seltener und zwang sich mehr und mehr zur Lieblingsbeschäftigung der Deutschen: gar nichts mehr zu denken.

Er starb früh, aber völlig ausgeheilt. Sein Arzt hat das bestätigt.

XXI

Rund um die Kleinkunst Musik wird viel Großes dahergeredet. Aus diesem Grunde haben sich die Komponisten seit Hector Berlioz angewöhnt, ihre eigenen Erzeugnisse genauer zu beschreiben, als es diese Erzeugnisse selbst wert sind. Das hat mehrere Vorteile:

Man braucht nicht auf Kritiker zu warten, denn deren ganze Lust richtet sich ja doch nur aufs Heruntermachen fremder Produkte. Ferner erfährt das Publikum klipp und klar, dass ein Ei kein Ei wäre, wenn es einfach als Ei verzehrt würde.

Und gegenüber den Wissenschaftlern ist es phantastisch höflich, ihnen die Arbeit abzunehmen; die haben es sowieso schon schwer genug hinter ihren Haufen von Noten, die sie niemals bewältigen werden, weil pausenlos neue dazukommen. Ich gehe nicht zu weit, wenn ich vermute, dass man in Wissenschaftlerkreisen eine Stinkwut auf die ganze Komponistenbande hat.

Richard Wagners Schriften, nach Seiten nebeneinander gelegt, entsprechen etwa der Distanz zwischen Corona und Uranus, die Noten reichen nur von Bayreuth bis Wasserburg am Inn. Außerdem hat er pausenlos geredet. Robert Schumann hingegen kriegte zwar seine Klappe kaum auf, aber auch er war bekennend literarisch tätig. Seinen Sinfonien traute er so wenig zu, dass er jede gleich zweimal komponierte – eine überflüssige Sache, die den Betrieb furchtbar aufhält.

Es ist gut für die Musik, wenn die Komponisten viel reden und schreiben, das hält die Zahl ihrer Kompositionen in vernünftigen Grenzen.

XXII

Verglichen mit den schweren Heroinwogen von Debussys »La Mer« ist Wagners »Tristan« nur ein unverbindlicher Moselriesling.

Debussy wollte vorgeblich wohl ein bisschen aus den alten Harmonie-Lehrbüchern herauskommen. Aber noch vor dem Ausklang des 19. Jahrhunderts ergriff er in seinem schmuddeligen Labor tief unter der französischen Erde ein paar Kolben und Flaschen, füllte allerlei unappetitliche Ingredienzien hinein, köchelte das Ganze auf grünlicher Flamme, goss das flüssige Ergebnis in Tintenfässer und schrieb mit einer Feder, die er bei Vollmond einem Kolkraben ausgerissen hatte, unter dreimaliger Anrufung des Widersachers rauchende Akkordgruppen auf ein Papier, das aus den Lumpen von frisch Gehenkten gehadert und in sibirischem Packeis gehärtet war.

Debussys Methode, uns alle um den Verstand zu bringen, bestand aus dem simplen Trick, seinen Opfern die Tonleiter unter den Füßen wegzuziehen, vor allem deren unterste Sprosse. Schon Schubert hatte ähnliche Versuche angestellt, aber als gutmütiger Germane geht man ja bekanntlich nie so weit wie der zügellose Gallier.

Und so kommt dem Franzosen Debussy das »Verdienst« zu, aus uns bis dahin noch weitgehend kontrollierten Suchthörern willenlose Lustkrüppel gemacht zu haben.

Seit »La Mer« ist der Meeresboden nicht mehr unten, wo er hingehört, sondern ganz woanders, aber wo?

Debussy ist uns die Antwort insofern schuldig geblieben, als er früh vom Teufel geholt wurde.

Die Wissenschaft kann nur nachstümpern, dass seine Ingredienzien der Slendro, der Pelog und die Ganztonleiter waren. Der junge, frische Milhaud soll den Alten kurz vor seiner Höllenfahrt noch einmal gesehen haben. Die Begegnung hat ihn aber so erschüttert, dass er hinterher noch lange zitterte wie Espenlaub.

Wir in unserer kleinen Selbsthilfegruppe lernen von Debussy vor allem, dass es nicht genügt, die Tonleiter mit dem Golfstrom zu vertauschen. Man muss auch lange Jahre schwindelfrei gewesen sein, die Kirchentonarten auswendig und die Max-Planck-Theorie vorwärts und rückwärts aufsagen können, einem glaubensfesten Bibelkreis angehören und selbst niemals auf See hinausfahren, wenn man jemals wieder nüchtern werden will.

XXIII

Kurz nach der vorletzten Jahrhundertwende hatten einige Dealer das Empfinden, der geringe Ton- und Harmonievorrat der Droge Musik sei gründlich aufgebraucht. Folgerichtig hoben sie den Gegensatz von Konsonanz und Dissonanz auf. Dabei ging es zunächst nicht so sehr um eine Erweiterung des kümmerlichen Spektrums als um eine Loslösung vom Übervater Richard Wagner und, damit verbunden, um eine Befreiung von der Musiksucht schlechthin. Endlich Hilfe für die Menschheit? Nein!

Die Hilfe scheiterte an der völligen Verkennung der Tatsache, dass das Leben unordentlich genug ist und nicht auch noch unordentliche Musik braucht.

Ein kluger Mensch namens Arnold Schönberg durchschaute dies, stellte die so genannten Zwölftonregeln auf, komponierte aber nach diesen Regeln weiterhin wie Wagner und beging darüber hinaus den Fehler, noch engere Grenzen zu ziehen und damit alle dritt- und viertklassigen Komponisten zu billigen Nachahmungen herauszufordern.

Die Herausforderung wurde natürlich prompt angenommen, und innerhalb kürzester Zeit war der heute noch andauernde Zustand erreicht, dass alle 12-Ton-Stücke vollkommen gleich klingen.

Das traf und trifft die Süchtigen so hart, dass sie sich trotziger als je zuvor an die klebrigsten Opiate von Mascagni, Grieg, Sinding, Tschaikowsky, Puccini und Lehar hängen.

Schönbergs grober Schuss nach hinten lehrt uns Trauer und Entsetzen.

Andere Suchtbefreiungsversuche wie Busonis Vierteltonlehre und Hindemiths »Unterweisung im Tonsatz« blieben glücklicherweise folgenlos, denn ihre Urheber haben sich um ihr eigenes Geschwätz wenig gekümmert und sind vielseitig geblieben. Reiner Stoff hin oder her.

In diesem Zusammenhang konnte deshalb kein Schwarzwaldmädel-Rückfall beobachtet werden.

XXIV

Unter Musik ist der Mensch nicht nur beschallt, sondern beschallert.

Pfiffige Gesangsdarsteller durchschauen dies und singen ihren Text von vorne herein unverständlich, denn gute Aussprache wird sowieso nicht wahrgenommen, der Sänger müsste sich sonst noch umständlicher vorbereiten, und für die meisten Texte wäre Genauigkeit ja auch gemein.

Mein süchtiger kleiner Sohn konnte unsere schönsten Lieder frühzeitig auswendig singen, und zwar genauso, wie er sie gehört hatte. Uns Alte hat das immer sehr gerührt. Erhalten geblieben ist »Weißt du, wie viel Sternlein stehen« und dort vor allem die Passage: »Gott der Herr hat sieben Zähne, dass ihm auch nicht einer fehle an der ganzen großen Zahl.«

Völlig klar auch bei »Ihr Kinderlein, kommet«: »Die rehligen Hirten knien knetend davor. Hoch droben schläft jubelnd der Engelein Chor!«

Um Stufen tiefer als solche echten Erinnerungen stehen natürlich Witze mit ähnlicher Zielrichtung, aber einen davon muss ich loswerden:

Musikalische Privatsoiree. Die Hausfrau zum bezahlten Gast, dem weltberühmten Tenor: »Machen Sie uns nun doch die Freude, Ihr Essamussawassa-Lied zu singen?«

Der Tenor überlegt einen Augenblick, wirft dann dem Pianisten einen Blick zu und schmettert:

»Essa mussa wassa Wunderbares sein, von dir geliebt zu werden!«

Kein Auge ist trocken geblieben.

XXV

Zu Gottes schönsten Eingebungen zählt der Sänger, der immer daneben singt. Er gibt der süßlichen Marmelade namens Musik die herbe Note, die uns beim Abgewöhnen von Marmelade die rechte Stütze ist. Denn der Wille allein bringt es nicht.

Als Solisten entfalten diese gesegneten Männer und Frauen nur ihre halbe Wirkung, denn das ganz normale süchtige Publikum schiebt die Schuld immer aufs Orchester, wenn etwas schief geht. Alle wahren Meister der falschen Kehle achten sorgfältig darauf, sich nur mit nachtwandlerisch sicher intonierenden Kollegen zu umgeben, damit der Kontrast gut herausgearbeitet ist. Der markante Danebensinger eines Ensembles hat eine wahrhaft befreiende Kraft. Die hämischen Fachleute von der Aufnahmetechnik oder vom Besetzungsbüro haben ihm den Spitznamen »Der Verlierer« angehängt, weil es, wie so vieles, nicht in ihre engen Gripskästen hinein geht, dass nur er allein der Sieger ist! Gesalbt sei er!

In meiner Zeitung jammern heute ein paar italienische Opernintendanten über das Phänomen, dass es ausgerechnet im Ursprungsland des Belcanto an Nachwuchs fehlt. Der Beitrag hat mich stark erheitert. Ob der Suchtbeauftragte des Gesundheitsministeriums dahinter steckt? Die Italiener haben ja originelle Einfälle. Und die Gesundheitspolitik kann doch nicht zur Außenstelle der Mailänder Scala verkommen, Signori! Nein, da müssen sie schon selbst sehen, wo sie bleiben! Übrigens bezahlen sie ja auch ganz anständig, das zieht an. Meinetwegen albanische Tenöre, oder mazedonische. Unsere behalten wir selbst!

Doch hin und wieder müssen wir noch Rückschläge einstecken. Meine Frau hat aus dem Supermarkt zwei CD-Scheiben »Othello« mitgebracht, schön billig, Solti als Dirigent. Viele, viele hohe Noten. Und dann: Kein falscher Ton, nicht in der klitzekleinsten Nebenrolle!

Schon Luther hat sich gewundert, dass dem Teufel so viel Macht auf Erden verliehen worden ist. Ich musste drei Gläser Cognac trinken und habe mich trotzdem immer noch geärgert.

XXVI

Es hat Überlegungen gegeben, Verdis Frauengestalten als stumme Rollen auf die Bühne zu stellen, aber Verdis zweite Frau, die Sängerin Strepponi, hat das aus Ehrgeiz unterbunden, und es würde auch zu große Löcher in die Partituren reißen.

Es ließe sich aber einrichten, Cecilia Bartoli mimisch zu verwenden und dazu eine 78er-Platte Lotte Lehmann abzuspielen. Oder die Aida mit Katharina Böhm zu besetzen und dazu Margaret Price aus dem Off singen zu lassen. Zauberhaft wäre auch Anne-Sophie Mutter als Desdemona mit der Stimme von Käthe Gold. Ich persönlich träume von Nina Hagen als Leonore unter Beschallung durch Elisabeth Schwarzkopf. Man könnte auch mal zu Erna Berger überwechseln.

Nun gehen die Opernhäuser aber insgesamt eher vom Dekorationstheater ab, seit den Filmregisseuren das Kino zu langweilig geworden ist. Ich glaube, mit Zefirelli hat das angefangen. Endlich wird die Aufmerksamkeit von der Musik abgelenkt. Der Dirigent ist längst ins zweite Glied zurückgetreten, nur Abbado weiß das noch nicht. Oper ist eine Kunst für die Augen, daran ist nicht zu tippen. Ich kann diese Entwicklung nur begrüßen, weil sie die lebensgefährliche Droge Musik wenigstens teilentschärft. Übrigens zeigt uns erst der masturbierende Jago die volle Motivation seiner Handlungsweise, da kann Reich-Ranicki zetern, wie er will.

Hübsch ist auch die Idee, Margarete als kantigen Endfünfziger vorzuführen, der endlich was vom Leben haben möchte. Den Sarastro kann man nur noch als lüsternen Alberich ertragen, und niemand will den Vater Rocco noch länger als eine Art von Christian Wolff sehen.

Laszive Stoffe wie »Salome« gehören ins Milieu einer bis oben zugeknöpften Quäkerfamilie, damit der gewaltige innere Druck sichtbar wird. Hänsel und Gretel dürfen sich nicht nur an den Händen fassen. Nur die ewigen Straßenanzüge sind doch ziemlich von gestern. Zwischen Faust und Mephisto gehört eine Büste des alten Gounod, denn der war beides.

Wenn die Sänger nur einen Funken Selbsterkenntnis hätten, würden sie endlich aufhören, sich hinter dem Rücken der Regie dauernd ans Augenlid zu greifen. Wir sind hier nicht im Kindergarten.

XXVII

Das Gift, mit dem Klytemnästra den Agamemnon erledigt hat, muss eine Arie von Giacomo Puccini gewesen sein. Sie setzte ihm diesen Wurm ins Ohr und lachte sich eins. Selbst war sie unmusikalisch, das wissen wir aus der Aufführungspraxis der »Elektra«.

The worm in the ear ist wohl die grausamste Todesart. Es geht sehr langsam.

Horowitz starb an »The American Sousaphone March«, vor dem ihn Wanda immer wieder gewarnt hatte. Ich selbst werde wohl an »Don Giovanni« zugrunde gehen, wenigstens die Zerlina ist mein sicheres Ende. Im anderen Ohr steckt mir Desdemona mit ihrem »Ave Maria« – ein Miststück von wurmgemeiner Anhänglichkeit.

Als der Satan die Ohrwürmer formte, wusste er, dass die ABC-Waffen nur ein Spielzeug sind, dass Krebs und Aids bald ausgerottet sein werden und dass wir notfalls auf einen anderen Planeten flüchten können, wenn uns hier der Boden zu heiß wird. Die Ohrwürmer aber werden mit umziehen.

Die Täublinge und Taubnesseln im Wald wissen ja gar nicht, wie gut sie es haben. Es nützt auch überhaupt nichts, die Beschallungsanlagen aus dem Fenster zu werfen und die CD-Sammlungen hinterher. Die Würmer kommen dann durchs Internet zurück, und unsere schöne Stereoanlage ist kaputt.

Durch Techno kann man höchstens schwerhörig werden. An Verdi muss man sterben.

Und der Wurm hat tausend Helfer, vom Tonträger-Hersteller bis zum Nickerchen auf der Gartenbank. Das muss jeden wurmen, der noch einen Funken Anstand besitzt.

Der kleine Kerl, der im Sommer behände durchs Gras krabbelt, hat nichts damit zu tun. Unsere empfindlichen Nerven schmecken ihm nicht, und spätestens vor dem Trommelfell müsste er Halt machen, falls er sich einmal verirrte, was nie vorkommt, wie jeder Hund weiß.

Für die Mordtat an Agamemnon hat Orest seine Mutter erschlagen und bei Goethe die »Iphigenie« hervorgerufen.

Und Gluck hat ein paar neue Ohrwürmer daraus gemacht.

XXVIII

Geht Gurnemanz gralwärts? Ich könnte auch fragen, ob Kundry kreischend keckert oder kundig kost, denn mit Richard Wagner kommen wir nun in die Ejakulationszone der Gesamtdroge Musiktheater. In dieser Zone wirken und weben die visuellen, darstellenden und akustischen Wirkstoffe gleichberechtigt waltend wollüstig.

Nur ein Erzsachse wie Wagner konnte das so auf die Spitze treiben, dass man nicht wieder davon los kommt. Sein Bühnenweihefestspiel »Parsifal« bringt allerdings auch zum ersten Mal die Lösung der alten Ritterstory vom Gral, die weder Chrétien noch Wolfram zu Ende erzählt hatten – möglicherweise aus Schamgefühl. Im »Ring des Nibelungen« steckt zwar mehr Dampf, aber auch weniger Dunst, jedenfalls ist der Kick ebenso total.

Über Wagners Rückwendung zum Stabreim sind genügend Witze gerissen worden. Wir haben es nicht nötig, das mitzumachen, denn wer der Gesamtdroge ein einziges Ingrediens entzieht, muss sich nicht darüber wundern, dass der Rest nur noch die Wirkung eines für die Schule eingerichteten 3prozentigen Bordeaux hat.

Wagner steckt so ziemlich alles in die Tasche, was die Musikapotheke ab 1840 sonst noch so zusammengemischt hat. Wilhelm I. und Brahms fanden das nicht, Ludwig II., Strauss, Mahler und Schönberg fanden das. Wer will, kann es noch im »Pierrot lunaire« nachkicken hören.

An die Bayreuther Originaldroge kommt man nur als Prominenter oder Schwarzmarktkunde. Man kann sich aber auch nach Berlin zu Kupfer und Barenboim schleichen oder nach München. Zu Bayern passt der Wagnersche Stabreim übrigens wie angegossen. Die Alten schrieben: Aufsprangen die Helden! Rachepulste Kriemhildens Blut!

Regel: Das Wichtigste zuerst. Ganz wie im Schatten des Isartors.

Geld wann i hätt. Suchtfrei wamma wär'n.

XXIX

Als ich mir wieder einmal die Musik abgewöhnen wollte, traf ich eines Nachmittags in meinem stillen Müslirestaurant unverhofft einen lieben alten Kollegen. Wir kamen ins Plaudern, und bei zwei Fingerhüten Rhabarbersaft sog er versonnen an seiner Asthmazigarette und sagte: »Komm doch heute Abend auf einen Sprung bei mir vorbei. Wir haben da jeden Donnerstag ein behagliches Treffen, so zwei, drei Leute, meine Frau ist auch dabei, es wird dir gefallen.«

Ich mochte nicht widerstehen.

Schlag acht fand ich mich ein. Sie saßen schon bei einem gemütlichen Grand, auf dem Tisch dampfte ein Punsch, mir wurde eingeschenkt, die Hausfrau zog mich in ein interessantes Gespräch, wir brachten die 9jährige Marguerite ins Bett, und danach machten wir es uns im Wohnzimmer in weichen Sesseln bequem. Die ganze Skatkampagne war inzwischen durchgefochten, die anderen kamen heran, und nun geschah das Unfassbare. Mein Gastgeber sagte: »Ach, Gunter, ich habe dir viel abzubitten wegen damals. Immer haben wir dich wegen deiner Musik aufgezogen. Inzwischen bin ich selber zum Paulus geworden, und diese lieben Freunde hier sind meine verschworene Korinthergemeinde.« Ohne meine plötzliche Starre zu beachten, öffnete er eine Art Giftschrank, dimmte das Zimmerlicht stark herunter und legte mit feierlicher Hand die erste Platte auf. Aus der Tiefe herauf drang Wilhelm Furtwängler mit dem Vorspiel zu »Parsifal«, setzte meine sämtlichen Rezeptoren in Gang und brachte mein Zentralnervensystem in wohlige Wärme.

Ich erinnere mich noch daran, dass ich aufstehen wollte, danach weiß ich nur noch Schumanns »Mondnacht« mit Carl Erb, den Glyndebourne-Figaro unter Fritz Busch, Erna Berger als Waldvöglein, Arthur Schnabel mit Schuberts a-moll-Sonate und Erich Leinsdorffs Cleveland Orchestra mit Brahms' Vierter. Später ist mir berichtet worden, ich hätte unter dem Eindruck einer älteren Isserstedt-Palestrina-Orgie mein Punschglas mit der Hand zerdrückt und hemmungslos »Jesus!« gehaucht. Anschließend sei ich auf der Couch eingeschlafen. Am Morgen danach soll man mich wie einen Toten in ein Taxi gesetzt haben.

Diesen verkommenen alten Kollegen anzuzeigen wäre das einzig Richtige gewesen. Aber das Strafgesetzbuch ist leider immer noch von 1871.

XXX

Ich weiß nicht, ob es gut ist, wenn die Börse die Wirtschaft zieht statt umgekehrt, ich vermute aber nein.

Noch unsicherer bin ich über die Wertreihenfolge von Familie und Gesellschaft, und was mich total verzweifeln lässt, ist die Frage, ob die Musik – wenn schon Ware wie jede andere – mit Hilfe der Manager die Künstler ernährt, oder ob nicht der Künstler mit Hilfe des Publikums etwas an die Manager abfallen lässt, was, sagen wir mal, dem Pferdeapfel ähnelt, an dem der Managerspatz pickt, damit schließlich alle zufrieden und satt sind, wie sich das unter netten Partnern gehört.

Auch Karl V. hat in der Abgeschiedenheit der spanischen Estremadura seine besten Gedanken gehabt. Es hat zwar nichts mehr genützt, doch was wäre Verdi ohne Don Carlos geblieben, dieser ohne Posa und die Eboli und alle zusammen ohne Habsburg! Also, mit der Verwertung von Musik ist das ähnlich unübersichtlich, das bedeutet aber keineswegs, dass ich mich nun drücken will! Im Gegenteil, ich habe ernsthaft nachgedacht.

Und dabei bin ich zu dem Ergebnis gekommen: Keiner der Beteiligten am Kulturfilz kennt seine Rolle. Der Filz ist zu einer selbst tragenden Karosse emporgewachsen wie der Dom von Chartres. Oben der Himmel, unten die Erde, dazwischen die Karosserie, so weich wie steif, so selbst tragend wie selbst erhaltend. Da kann zwar eine Brandfackel rein, aber das bauen wir später wieder auf. Da kann aber keine Bombe rein, denn eine selbst tragende Konstruktion erbebt nur zart und bleibt stehen.

Schönes Beispiel: Bei den verheerenden Bombenangriffen der Alliierten im II. Weltkrieg auf Köln blieben von der Altstadt nur das Millowitsch-Theater und der Dom senkrecht. Das Theater aus Gründen der Pietät, der Dom aus Frömmigkeit und dank einer selbst tragenden Konstruktion.

Ich repetiere: Der selbst tragende Musikfilz ist zwar unübersichtlich, aber für jeden Beteiligten zugleich weich und bombensicher.

XXXI

Dirigenten sehen irgendwie aus wie Dirigenten, wenn Sie wissen, was ich meine.

Pianisten sehen entweder aus wie Albert Einstein oder wie Anton Webern. Violinvirtuosen sehen gar nicht aus.

Die Mitglieder sämtlicher Orchester der Welt sehen aus wie meine sämtlichen Bekannten und alle Charakterköpfe, die mir sonst noch begegnet sind. Ich unterscheide zwischen Orchestern mit lauter mir persönlich Bekannten und Orchestern mit Prominenten aus Politik, Journalismus, Sport und Fernsehen. Im Sinfonieorchester des Bayerischen Rundfunks vermisse ich am Violoncello neuerdings Siegfried Lenz. Wohl nicht mehr so ganz auf dem Damm.

Peter Voß ist ein herrlicher Oboist. Das Nesthäkchen spielt wunderbar Bratsche. Fritz Pleitgen hat einen festen Platz im Boston Symphony Orchestra, seine Paukenschläge kommen punktgenau. Nina Ruge wird wohl in

Darmstadt am dritten Pult der II. Violine verkümmern; Beckenbauer spielt aber im NDR (!), was hat der im Norden zu suchen? Wird Horn so gut bezahlt? Ich habe ihn übrigens auch schon bei Fehlern erwischt. Macht er natürlich extra, der Bayer.

Bei den Chören sehe ich meine Prominenten und Bekannten weniger, höchstens mal einen Hombach oder Greenspan; wenn's hochkommt, Frau Süßmuth oder Heidrun Müller, Else Kling oder Frau Beimer.

Das war nicht immer so. Bei der Psalmensinfonie, die Strawinsky für den Budapester Rundfunk einstudierte, habe ich auf einen Schlag Brigitte Horney, Lil Dagover, Lilli Palmer, Annemarie Renger und Katharina Thalbach entdeckt – alle Sopran!

Ende der 70er Jahre war mein Glück unbeschreiblich, als das Cleveland Orchestra in der Höchster Jahrhunderthalle gastierte.

Auf der Bühne erschien unter nicht enden wollendem Applaus Herbert Lom als Lorin Maazel.

XII

Als Kinder haben wir sicherlich alle mal probiert, das »Haus vom Nikolaus« in einem einzigen Strich zu zeichnen. Hingegen ist es noch niemandem gelungen, einen unserer bekanntesten Dealer in der gleichen einfachen Weise nach dem Vers »Was ist die Tour von Harnoncourt?« hinzukriegen. Dieser Mann hat das Gesicht von unserem guten Kaiser Franz, und der war bekanntlich auch nicht ganz unkompliziert.

Wenn Harnoncourts aufmerksame Nachahmer gerade gelernt haben, wie man ältere Holzblasinstrumente richtig einsetzt, ist er jedenfalls schon längst wieder ganz woanders und kümmert sich einen Dreck um Krummhörner, Cornamusen oder Zinken. Immer bleiben die Buxtehuder Hasen im sinnlosen Wettlauf mit diesem Habsburger Igel Furche um Furche auf der Strecke.

Das Geheimnis des Nicolaus Harnoncourt besteht darin, dass er seine jeweiligen Klangkörper zu einem einmalig intensiven Ausdruck trainiert, den man durch keine Gelehrigkeit der Welt ins Abkupfern kriegen kann. Wenn den alten Berliner Philharmonikern nachgesagt wird, sie hätten ihre schlechtesten Dirigenten damit geleimt, unter ihnen nach geheimer Verständigung à la Furtwängler, Celibidache, Schuricht oder Kleiber zu spielen, dann behaupte ich, dass es ihnen nicht gelungen wäre, unter Abbado einen brauchbaren Harnoncourt herzustellen.

XXXIII

Rundfunk und Zeitung halten sich Musikredakteure. Musikredakteure werden nach dem Einstellungsgespräch geimpft. Sie tragen die Musikseuche zwar weiter, bleiben jedoch selbst zu 99 Prozent davon verschont.

Die Impfung hat eine unerwünschte Nebenwirkung, die nicht verschwiegen werden darf. Im Vorderschläfenlappen der rechten Gehirnhälfte bilden sich so genannte Caesarome, das sind leicht miteinander verklumpende und zu jähem Wachstum neigende Schwellkörper, die den Abstand zur eigenen Person zunehmend verringern.

Der Musikredakteur kann nach einer Reihe von Berufsjahren nur noch schwer unterscheiden, ob seine Hörer bzw. Leser seiner noch würdig sind oder nicht.

Ich kannte mal einen, der anfänglich nur einen leichten Waschzwang, später aber schwere Weinkrämpfe hatte und den Daumen seiner rechten Hand ins Hemd steckte, wenn er am Portier vorbeiging oder seiner Sekretärin etwas diktierte. Wenn irgendein gekränkter Künstler erschien, wurde der auf französisch mit leicht italienischem Akzent abgefertigt. Auf dem Schreibtisch stand immer ein Schälchen mit frischer Birne Hélène. Er starb mit vierzig. Ein Pathologe soll seine Schädeldecke geöffnet und geistesgegenwärtig wieder zugeklappt haben.

Das Leben der Geimpften verläuft insofern geradliniger als das der Suchtkranken, da meistens gar keine genuine bzw. elementare Musikinfektion zu Grunde liegt, sondern nur ein allgemeines Richtbedürfnis mit unbestimmter beruflicher Zielrichtung und verwaschener frühkindlicher Versteckspielbereitschaft.

Auch Mediziner haben das Caesarom interessant beschrieben und dabei besonders auf die Tatsache hingewiesen, dass es »den« Befallenen eigentlich nur in öffentlich-rechtlichen Anstalten gibt, weil nur dort der Leidensdruck der Unkündbarkeit hinzukommt, und der womöglich noch stärkere Leidensdruck der sicheren Pensionszahlung die Grenzen der Belastbarkeit sprengt.

XXXIV

Im Umfeld der Dealer hat sich seit Mitte des vergangenen Jahrhunderts ein parasitärer Personenkreis eingenistet, der an der Droge manchmal besser verdient als die Stofflieferanten und Großverkäufer, denn die sind ja immer auch von den Ernten abhängig und grundsätzlich auch von der Intaktheit ihrer Vertriebskanäle, und beides ist bekanntlich niemals restlos sicher kalkulierbar.

Dürrezeiten jeder Art überbrücken Musikschriftsteller. Leichtere Missernten werden durch berühmte Dirigenten oder Virtuosen gemildert oder auch mal durch Sänger.

Ganz und gar trostlose, Jahrzehnte überspannende Durststrecken, Dezennien verheerende Trockenzeiten, während derer die Erde aufreißt, die Vögel vom Himmel fallen und die Löwengerippe sich quietschend aneinander reiben, gehören nur noch Gott dem Herrn, der UNO und dem Großkritiker.

Es ist schlicht unmöglich, diesen Regenmacher vom Dienst von seiner Aufgabe abzulenken, die darin besteht, Oasen zu bewässern und das Nildelta urbar zu machen, dem Atlantik Wasser zuzuführen und den Pazifik optimal zu befeuchten.

Wenn der Großkritiker mal gar nichts anderes zu tun hat, beklagt er gern den Mangel an großen Themen, und überhaupt ist seiner mahnenden Stimme ein leichter, liebenswerter allgemeiner Kulturvorwurf beigemischt. Hingegen sollten Sie nicht ernsthaft versuchen, ihn aus irgendeinem gegebenen Anlass aus diesem mehr allgemein-pessimistischen Zustand herauszuholen, denn er hat zehntausend Bluffer überstanden und kümmert sich lieber um das Büttenhorner Streichquartett, über das er nach ein paar müden Versuchen des jungen Ensembles, in Beethovens op. 130 und 132 die Triller von unten nach oben zu spielen, am Montag in der F.A.Z. dann schreiben wird:

»Man steht fassungslos vor neuen Werken!«

XXXV

Die Zielsetzungen der großen Dealer waren im 19. Jahrhundert angeblich unüberbrückbar verschieden.

Dann will ich Ihnen hier mal eine Passage aus Berlioz' Memoiren vorlegen. Urteilen Sie selbst.

»Lieber Mendelssohn, ich möchte Sie um ein Geschenk bitten.« »Was denn?« »Geben Sie mir den Taktstock, mit dem Sie soeben Ihre neue Hebriden-Ouverture dirigiert haben.« »Oh, sehr gern – unter der Bedingung, dass Sie mir Ihren dafür schicken werden.« »Ich werde Ihnen auf diese Weise nur Kupfer für Gold geben, aber ich willige ein.« Und Mendelssohns musikalisches Zepter wurde mir sofort gebracht. Tags darauf schickte ich ihm mein schweres Stück Eichenholz mit folgendem Schreiben: »Großer Häuptling! Wir haben einander versprochen, unsere Tomahawks zu tauschen. Anbei der meinige. Er ist rau, auch Deiner ist schmucklos. Nur die Bleichgesichter lieben geschmückte Waffen. Sei mein Bruder! Wenn uns der große Geist ins Land der gemeinsamen Jagdgründe schicken wird, mögen unsere Krieger unsere Tomahawks an der Tür des hohen Rates nebeneinander hängen.« Und so weiter. Mir wird schlecht.

Unter den Großdealern hat es nie irgendwelchen Streit gegeben, die Bezirke waren sauber aufgeteilt; den Kniest haben nur die Typen hart am Verbraucher geschürt, bissige kleine Foxterrier.

Berlioz über eine Begegnung mit Robert Schumann:
»Ein Satz meines Requiems brachte eine auch von mir unerwartete Wirkung und trug mir das unschätzbare Lob Schumanns ein!!! Bei der Probe trat Schumann aus seiner üblichen Maulfaulheit heraus und sagte wörtlich: »Ihr Offertorium übertrifft einfach alles!«

Die Götter in Gift haben Kontroversen nicht nötig.

Umso dringender möchte ich Sie auf die verlogene, zu Umschreibungen greifende und gleichzeitig unverdaulich selbstgefällige Art hinweisen, in der sie sich gegenseitig beräuchern. Übrigens heute noch impertinenter als früher.

Wir nehmen unsere Hörgeräte heraus und schweigen ein Viertelstündchen.

XXXVI

Franklin Dealano (!) Roosevelt hat es mit seinem New Deal wenigstens offen zugegeben, dass wir alle zu willenlosen Geschöpfen gemacht werden sollen. In der Musikszene läuft das schmutzig versteckt.

Aber schon der alte Orlando hieß mit Nachnamen Dealasso, das wird nur bewusst falsch geschrieben.

Schulen wir also unseren Scharfblick. Lernen wir richtig lesen.

Ich bin längst so weit, dass ich sogar im Reptilienhaus den traurigen Blick des Krokodeals durchschaue. Jede Tanzdeale mahnt mich, endlich clean zu werden. Deal Eulenspiegels lustige Streiche sind für mich ein beinahe ebenso armes Trauerspiel wie Dealustige Witwe. In der Mozartstadt Salzburg lese ich den großen Dealernamen noch aus Mozzarella und Notarzt heraus. Sie können sicher sein, dass man Ihnen den Kochfisch mit frischen Dealspitzen serviert.

Unter den altrömischen Beamten befanden sich auch die Aedeale. Man weiß, dass sie bei der Arbeit sangen.

Verdi versuchte, seine Oper »Dealombarden« mit dem Namen »I Lombardi« zu tarnen.

Was ist mit Saint-Saens' »Samson und Dealila«, he? Und mit Bajazzos »Deal dich in Tand nur«? Das sind keine Zufälle. Ebenso wenig wie »Dealustigen Weiber von Windsor«.

Ich segne den Tag, an dem ich all diesen Schweinereien auf die Spur gekommen bin, denn in jedem dritten Wort, das wir lesen, versteckt sich eine Dealer-Absicht. Gehen Sie nur selbst auf die Suche. Sie können sicher sein, noch in einer Gebrauchsanweisung für Heißluftstaubsauger oder den Richtlinien für die Ausbildung von Schutzhundausbildern auf Spritzen und Nadeln zu stoßen. Noch sind Beethoven und Co. überall, ihre Impresarios sitzen in sämtlichen Schlüsselstellungen.

Ein einziges Dealemma.

XXXVII

Die Verharmlosung der Musikdroge beruht auf der gezielten Falschmeldung, Heroin sei wesentlich zerstörerischer. Heroinverbrauch lässt sich auf Methadonverbrauch herunterbringen, aber versuchen Sie mal, Beethoven durch Toselli zu ersetzen! Schon Pfitznerfreunde klagen über den geringen Austauschwert von Dittersdorf. Wer die schweren Debussy-Räusche gewöhnt ist, wird durch einen federleichten Honegger nur noch kränker werden. Ein Dicker, der pausenlos Du-darfst-Leberwurst verschlingt, behält nicht nur seinen Bauch, sondern auch seine Sehnsucht nach den Spanferkeln, aus denen das Fett so schön auf den Boden troff, dass man darauf ausrutschen musste.

Auch Waldspaziergänge bringen keine Rettung.

Die Sucht hockt in dir. Du musst sie mit einem einzigen brutalen Griff aus dir herausreißen. Erbarmungslos!

Vor allem ist darauf aufmerksam zu machen, dass auch die Liebe keine volle Entzugsversöhnung bietet, so sehr diese irrige Meinung auch verbreitet ist.

Wer Isolde geliebt hat, kann ein Leben lang keine andere Frau mehr lieben.

Was also bleibt nach vollendeter Suchtabfuhr? Werden wir kleinlich, neidisch, gehässig? Ähneln wir plötzlich jenen Gestalten, die uns keine Radlermaß mehr anbieten, weil sie einem Whisky-Koma entronnen sind? Die einmal Jesuitenschüler waren und nichts mehr verabscheuen wie Gebete? Die Kette geraucht haben und Mitmenschen die Zigarette aus dem Mund schlagen?

Nein! Denn da gibt es einen entscheidenden Unterschied. Wer von der Musik losgekommen ist, hat so viel Leid durchgemacht und so viel Leid überwunden, dass er sich mit Buddha vergleichen darf.

Er wandelt von freundlicher Stille zu freundlicher Stille, von ruhigem Licht zu ruhigem Licht, von Verstehen zu Verstehen und von Heiterkeit zu Heiterkeit. Und ab und zu summt er noch ein Liedchen vor sich hin.